1 MONTH OF FREE READING

at

www.ForgottenBooks.com

By purchasing this book you are eligible for one month membership to ForgottenBooks.com, giving you unlimited access to our entire collection of over 700,000 titles via our web site and mobile apps.

To claim your free month visit:
www.forgottenbooks.com/free591139

* Offer is valid for 45 days from date of purchase. Terms and conditions apply.

ISBN 978-0-484-14048-5
PIBN 10591139

This book is a reproduction of an important historical work. Forgotten Books uses state-of-the-art technology to digitally reconstruct the work, preserving the original format whilst repairing imperfections present in the aged copy. In rare cases, an imperfection in the original, such as a blemish or missing page, may be replicated in our edition. We do, however, repair the vast majority of imperfections successfully; any imperfections that remain are intentionally left to preserve the state of such historical works.

Forgotten Books is a registered trademark of FB &c Ltd.
Copyright © 2017 FB &c Ltd.
FB &c Ltd, Dalton House, 60 Windsor Avenue, London, SW19 2RR.
Company number 08720141. Registered in England and Wales.

For support please visit www.forgottenbooks.com

JEANNE D'ARC
ET
L'AME FRANÇAISE

CONFÉRENCE

DONNÉE AU

CERCLE VILLE-MARIE DE MONTRÉAL,

le 16 avril 1903.

PAR LE

R. P. A. J. LEMERRE

DES FRÈRES PRÊCHEURS

MONTREAL
LIBRAIRIE GRANGER
1903

JEANNE D'ARC
ET
L'AME FRANÇAISE

Monseigneur, [1]
   Monsieur le Président du Cercle, [2]
      Mesdames et Messieurs,

Comme l'individu la patrie a une âme, et l'on s'accorde à la voir symbolisée dans son drapeau. Après différentes variations de couleurs que d'aucuns attribuent au hasard, mais que pour ma part, je me plais à reconnaître voulues par la divine Providence, le drapeau de la France, à l'heure où nous sommes, se trouve précisément traduire dans les trois couleurs dont il se compose le triple symbole des vertus qui font les grandes et belles âmes. C'est le blanc, l'hermine qui est le symbole de

[1] Mgr A. Archambault, Protonotaire Apostolique et Vice-Recteur de l'Université Laval, à Montréal.
[2] M. L. Hurtubise, E. E. G. C., Président d'honneur de la soirée.

la pureté et partant de l'honneur ; c'est le bleu, l'azur qui est l'emblème de la sérénité et partant de la paix ; c'est le rouge, la pourpre enfin qui est l'emblème de la générosité et partant de l'amour. Ces couleurs, en fils de France que vous êtes, vous en avez, jusqu'à l'heure présente, fait votre drapeau. Peut-être, si j'en crois l'effort tenté dernièrement dans ce sens, y apporterez-vous dans l'avenir quelque modification ; mais toujours, comme votre mère-patrie, vous garderez dans votre drapeau, j'en suis persuadé, le triple emblème de la pureté, de la sérénité et de la générosité. Or, ces vertus ne furent-elles pas les vertus maîtresses de Jeanne d'Arc dont vous ne cessez d'évoquer avec une constance que ni les siècles, ni les évènements n'ont pu entamer, la douce, plaisante et patriotique mémoire ? Notre héroïne nationale incarne donc les vertus que symbolise notre drapeau tricolore. On peut, par conséquent, plus que jamais et dans la véritable acception du mot, la considérer, ainsi que s'accordent à le faire tous les partis, comme l'incarnation de la patrie française. De ce chef, vous rappeler la pureté, la sérénité, la générosité d'âme de jeanne la Pucelle c'est vous dire du même coup, les trois vertus essentielles au coin desquelles doit être marquée l'âme française, et qu'en tant que race, vous devez posséder, si vous tenez à honneur de ne pas donner un démenti au symbolisme de notre drapeau, mais à en rendre, au contraire, l'hermine plus pure, l'azur plus serein, la pourpre plus ardente. C'est à cette tâche bien douce à mon cœur de prêtre français que je vais m'appliquer durant cette conférence, avec l'aide de l'archange St. Michel, le frère d'armes de notre jeanne et le protecteur tutélaire de notre pays.

I

La première vertu symbolisée par notre drapeau et par là même exigée de l'âme française, c'est la pureté, ou si vous le voulez, l'honneur. L'emblème en est le blanc, l'hermine. Cette vertu, au demeurant, est celle qui brille à l'envi de toutes les autres, si belles soient-elles, en toute âme bien née. Rien d'étonnant que jeanne l'ait possédée au plus haut degré.

Lorsque Dieu suscita notre humble bergerette pour sauver la France, c'était en notre pays une pitié telle qu'on le croyait à la veille de sa complète destruction. jeanne comprit qu'une si importante mission réclamait le don complet d'elle-même. Et aussitôt, sans hésiter le moins du monde, elle se consacre à jamais, corps et âme, tout entière à Dieu et à son divin vouloir. Elle renonce donc au doux espoir de respirer, un jour, l'enivrant parfum des fleurs des fiançailles et de tressaillir aux émotions délicieuses que procurent aux jeunes mères les sourires du berceau, et fait vœu de virginité. Elle est alors à son printemps, et lys immaculé, elle pousse, grandit, s'épanouit, mûrit pour sa mission libératrice à Domrémy, son village natal, dans ce riant vallon des Vosges fait à souhait pour un cœur comme le sien, où la claire rivière coule en chantant sous l'arbre des fées et en réflétant un paysage paisible et aimable comme elle, où les horizons sont beaux et élèvent naturellement l'âme vers Dieu, où l'écho répète fidèlement la voix tantôt plaintive tantôt joyeuse des cloches qui la convient à la prière, où plane, étendant sur elle son ombre tutélaire, la chère image de Notre-Dame de l'Ermitage, où l'archange St. Michel et les vierges Ste Catherine et Ste Marguerite la viennent visiter et encourager dans l'épaisseur des forêts ou dans l'ombre des nuits étoilées. Et notre fleur des champs exhale un si suave parfum que tous la veulent approcher et lui respirer un peu de près l'âme : ses parents dont elle est la joie et l'orgueil, ses compagnes qui, l'admirant sans la jalouser pourtant, la chérissent tendrement, les créatures sans raison mêmes, les oiseaux du ciel qui viennent manger dans sa main et les brebis se blottir à ses pieds. Sa vie est faite de simplicité et d'innocence. Elle est la meilleure des enfants, la meilleure des sœurs, la meilleure des amies, la plus laborieuse ouvrière de son petit village, la plus édifiante ouaille de son humble paroisse.

Mais voici notre lys transporté loin de ce

sol natal si propice à son épanouissement, et exposé au milieu de la poussière et de la boue des camps. Dans cet étrange milieu, notre pure enfant reste blanche comme les guirlandes de fleurs qu'elle tressait dans les forêts vosgiennes pour l'autel de Notre-Dame, comme la toison des brebis qu'elle gardait autour de la maison de son père. Elle fleurit et embaume toujours, formant autour d'elle je ne sais quelle atmosphère d'innocence que l'on respire malgré soi, qui charme, purifie, régénère les âmes souillées des soldats pillards dont se composait l'armée de Charles VII. De blasphémateurs, de dévergondés, d'indisciplinés qu'étaient ses compagnons d'armes, Jeanne les rend par sa seule présence, plus dociles, plus réservés dans leurs paroles et dans leurs actes, honnêtes, presque bons chrétiens.

Quant au peuple de France, il la vénère comme une sainte. Par un sentiment de crainte charmant dans son ingénuité, il a peur de l'approcher et, pour le rassurer : " Venez hardiment, lui criait jeanne avec gaîté, je ne m'envolerai pas "; c'est qu'au dire de Dunois,

" jamais on n'avait vu femme aussi chaste ". Si bien que pour ce bon peuple notre héroïne ce n'était plus jeannette comme à Domrémy, ni même jeanne comme à Vaucouleurs, mais la " Pucelle ", la vierge !

Non pas certes que notre lys ait pu s'épanouir sans que des épines ne le fissent saigner. Les Anglais n'envoyèrent-ils pas à notre chaste jeanne des lettres honteuses dans lesquelles on portait sur elle d'infamantes accusations ? Ne s'est-il pas trouvé un capitaine sans noblesse d'âme, sinon sans courage, qui, ne sachant pas la vaincre l'a grossièrement insultée ? "Oh ! disait-elle alors douloureusement, mon Sauveur sait bien que ce sont des mensonges ". Et si vif était en elle le sentiment de l'honneur, si grande sa " crainte de toute honte méritée " qu'elle pleurait amèrement à cause de ces paroles et de ces écrits qui s'attaquaient aux délicatesses de sa modestie.

Elle pleurait ! Est-ce à dire que notre vierge ne fût à même de défendre ce qu'elle considérait à bon droit comme son premier trésor ? Assurément non, et on trouvait en elle à qui parler. Elle était bien de notre race. Elle avait la langue vive, le mot alerte, la riposte opportune. Les questions si insinueuses, si révoltantes même fussent-elles, que lui font ses juges désireux de ternir la blancheur de notre liliale enfant, ne la peuvent déconcerter. A cette question : " Vos saints, quand ils vous apparaissaient, avaient-ils des vêtements ? " elle répondit avec une grâce pleine de finesse : " Eh ! quoi, Dieu n'était-il pas assez riche pour les vêtir ? " A cette autre : " Etes-vous en état de grâce ? "—" Si j'y suis, riposte-t-elle avec une déconcertante modestie, Dieu veuille m'y maintenir ; si je n'y suis pas, Dieu veuille m'y mettre." Et, à cette dernière, la plus perfide de toutes : " De quel vêtement voulez-vous être couverte pour aller au supplice ? " elle écrase ses juges éhontés par la naïveté sublime de la réponse qu'elle leur donne : " Peu importe pourvu qu'il soit long ! "

Au besoin, pour sauvegarder sa pureté, jeanne ajouterait le geste à la parole. Dans sa prison, elle est en butte sans relâche aux sanglants outrages de gardiens impudents et grossiers ; mais elle les tient en respect par la dignité simple et ferme à la fois de son maintien. Qu'ils ne s'avisent pas surtout de l'approcher sans les marques d'une parfaite retenue ; sinon elle frapperait : témoin son geste indigné lorsqu'un d'entre eux osa de sa main effleurer la sienne, cette main qui, hier encore portait avec tant de vaillance l'épée de la France.

Montée sur son coursier, son étendard à la main, les yeux pleins d'infini, le front baigné de lumière, toute blanche de corps et d'âme, étrangère au parjure et à l'indignité, inaccessible aux faiblesses humaines, effleurant à peine le sol, c'est ainsi que nous voyons (telle une vision radieuse), dans le ciel de France, jeanne d'Arc marcher, s'élancer, voler où l'appelle sa mission.

jeanne d'Arc est l'incarnation de l'âme française, notre race doit donc comme notre héroïne avoir le souci de son honneur. Agir différemment pour nous ce serait polluer l'hermine de notre drapeau. Du reste, y a-t-il un pays plus propre que notre patrie-commune à inspirer à ses enfants le respect et le culte de son honneur ? La France, c'est le rayonnement d'un beau ciel bleu sur des montagnes neigeuses et sur des vallées verdoyantes, sur des fleuves aux eaux fécondantes et sur des champs dorés par la moisson. La France, c'est un pays " si gracieux ", " si plaisant ", " si délectable ", comme disait le naïf Moyen-Age, qu'on n'y peut séjourner sans s'y attacher. La France, c'est le pays favorable entre tous au progrès de la science et au développement de l'industrie, à la germination des idées et à l'accroissement de la richesse, à l'épanouissement de l'art et du génie dans leurs branches multiples. La France, c'est encore et surtout le pays de la fidélité et du courage, de la charité et du dévouement, le pays, où plus que nulle part ailleurs, le bon Dieu est servi et sa divine Mère vénérée, le pays où sans compter l'on prodigue et l'or et le sang, et le talent et le génie pour le triomphe de la civilisation et de l'Evangile. Qui donc oserait en occurrence, m'accuser de chauvinisme et nier avec l'histoire à l'appui, la véracité de mes assertions ?

Et, aveuglés les uns par des utopies plus ou moins humanitaires, les autres par un zèle qui ne saurait être louable parce qu'il est anti-patriotique, ceux-ci par intérêt, ceux-là par orgueil, d'aucuns par pusillanimité, peut-être même par découragement, nous ferions, aux yeux de l'étranger, bon marché de l'honneur de notre douce France ? Ce serait indigne de nous ! N'est-ce pas toujours une indignité que de manquer de respect à sa mère ? Et quand cette mère s'appelle la France, c'est plus qu'une indignité, c'est un crime !

Jeanne d'Arc gémissait et pleurait de ce qu'on osât lui manquer de respect. Une humiliation est-elle infligée à votre honneur de Français ? Vous pleurez vous aussi, et combien amèrement ! je le sens, pourquoi me le cacher ? Aujourd'hui, vous pleurez de ce qu'on veut ravir à vos frères d'outre-mer la liberté de croire en Dieu et de le servir ; vous pleurez de ce qu'on travaille, non plus sourdement comme autrefois mais au grand jour, à rendre notre mère patrie infidèle à sa mission providentielle ; vous pleurez du discrédit qui pourrait rejaillir sur notre pays de pareils attentats... Canadiens, mes frères, merci de vos larmes, elles sont bien douces à mon cœur de Français ; mais croyez-moi, séchez-les, car c'est naïveté de s'imaginer qu'on pourra avec un trait de plume, effacer dans la vie de notre peuple l'empreinte du Christ qui nous aime et de l'amour duquel nous n'avons pas, malgré tout, démérité depuis quinze siècles. Et laissez-moi vous dire toute ma pensée, moi qui, plus qu'aucun autre peut-être aurais le droit de me plaindre du sort qui, à l'heure actuelle, nous est fait à nous religieux dans notre patrie, je ne doute pas que l'avenir et non un avenir éloigné mais prochain, ne soit meilleur ; et ce qui rend fière ma résignation, invincible mon espérance, inébranlable mon attachement à mon pays, c'est la certitude que ceux-là qui nous persécutent, s'ils sont peut-être Français, ils ne sont pas assurément la France !

jeanne d'Arc parlait haut et clair à ceux qui s'attaquaient à son honneur de vierge. Vous ne pouvez non plus vous enfermer dans un mutisme prudent quand, en votre présence, on s'en prend à l'honneur de la France. Notre langue a de l'épée l'éclair et le tranchant. Et si vous avez versé et même prodigué votre sang pour garder cette langue si belle, cette arme si brillante et si pénétrante, ce n'est certes pas pour l'employer, comme d'aucuns trop nombreux hélas ! le font dans nos productions comtemporaines, à battre en brèche la morale, la religion, ou la société, mais bien comme nos écrivains et nos orateurs de haut vol, à maintenir l'intégrité du patrimoine sacré de grandes et mâles vertus que nous ont légué nos pères et à fermer la bouche à ceux qui inconsciemment ou non, travaillent à entacher l'honneur français.

jeanne d'Arc levait avec indignation la main sur quiconque se permettait ne fût-ce que de la frôler, tant elle avait à cœur de garder intact son honneur. De même une insulte à la France ne saurait rester impunie dans votre pays. Et je compte parmi vous, à première vue, sans vous connaître, autant de vaillants qu'il y a d'hommes et même de femmes, (c'est la seule égalité que, dans votre modestie, vous revendiquez, Mesdames, ce dont je vous félicite,) tous prêts, le cas échéant, à relever le gant et à souffleter l'impudent qui oserait, devant vous, porter atteinte à notre honneur. Au-dessus de vos rivalités et de vos intérêts, de vos préjugés de naissance et de vos intrigues de parti, de vos rancunes personnelles et de vos dissensions politiques, vous placez bien haut l'honneur du nom français. Et jamais l'on ne pourra impunément chez vous outrager la France et salir l'hermine de notre drapeau. Certes non : car vous êtes, Messieurs, les dignes fils de ces Français (naïfs, oui, disons le mot, il est à notre gloire), qui ne croyez pas que " le royaume des cieux puisse être plus douce chose que le pays de France," et qui pour venger les injures faites à son honneur versaient des larmes amères mêlées avec leur sang ; vous êtes les dignes fils de ces rudes et fiers guerriers qui veillaient sur l'honneur de la patrie française avec la sollicitude tendre et vigilante d'une mère sur la pureté de sa fille ; vous êtes les dignes fils de ces héros qui furent " nos frères avant d'être vos pères ", d'Iberville votre cid, Frontenac le fier, Montcalm le sans reproche, Lévis l'invincible, braves de Carillon et de toutes vos luttes épiques qui sont tombés, face à l'ennemi, écrasés par le nombre, tout entiers à l'honneur du nom français ; vous êtes les dignes fils de ces glorieux vaincus du cœur desquels rien n'a pu arracher l'amour de leur mère-patrie et qui pour son honneur, ont voulu à défaut de sa tutelle, garder du moins et malgré tout sa langue, ses institutions et sa foi ; vous êtes les dignes fils de cette légion de preux : politiciens, soldats ou artisans qui ont illustré notre race et dont la main fut toujours levée, menaçante, prête à s'abattre sur les insulteurs de la France ; et comme tels, Messieurs, vous ne pourriez vous résoudre, n'est-il pas vrai, à laisser outrager votre mère-patrie, diminuer sa gloire, entacher son drapeau ? Vous avez la fierté de cacher à tous les larmes que vous versez sur les ruines amoncelées au cœur de certains fils de France, et discrètement, surtout, vous vous abstenez de disserter en public sur les moyens de les relever. Loin de divulguer les misères qui de nos jours sévissent au pays de France, (et quelle époque et quelle nation en fut jamais privée, grand Dieu !) vous les dissimulez délicatement sous le manteau de votre filial amour. De soupçonner la vertu de votre mère vous ne le voudriez pas et vous prenez à tâche d'exalter ce qu'il y a encore en elle de force de caractère et de grandeur d'âme, de dévouement et de générosité, de sève religieuse et de vitalité patriotique.

Et en laissant ici des frères tels que vous, j'emporte l'assurance que, dans votre beau Canada, toujours l'honneur de notre mère-patrie restera inviolé, et que toujours dans votre histoire, on verra la race canadienne-française se lever pour terrasser et fouler aux pieds, comme autrefois notre Pucelle nationale le hideux Voltaire, les insulteurs de la France, s'il s'en trouve, et partant lui garder sous les plis de son drapeau à l'hermine sans tache et sur ce sol sacré imprégné du sang de ses martyrs et de ses héros sa suprématie de dignité et d'influence.

II

Dans notre drapeau tricolore, au blanc qui est l'emblème de la pureté, de l'honneur exigé de l'âme française, est noué le bleu, l'azur, symbole de la sérénité qui doit présider à la vie de cette âme au dedans et au dehors. La sérénité, vous le savez, est cette vertu qui fait que l'homme une fois instruit de la tâche qui lui est dévolue, applique son vouloir à la remplir en dépit de l'épreuve, de la contradiction, de l'injustice, de la mort même. Sans doute, grande est une âme quand dans l'accomplissement de sa mission, quand dans sa vie par conséquent, elle reste pure et garde inviolé son honneur, mais plus grande encore elle est quand dans sa vie, elle reste sereine, c'est-à-dire quand, au milieu des contradictions et des épreuves qui l'y assaillent, elle garde lumineuses la notion et l'intelligence du devoir, et intrépide l'ardeur qu'en réclame l'accomplissement. Une âme ainsi trempée est tôt ou tard fatalement victorieuse de tous les obstacles.

C'est l'histoire de jeanne d'Arc. Notre héroïne, en effet, a rempli sa mission libératrice avec une parfaite sérénité. Et pourtant les difficultés qu'il lui fallut vaincre eussent jeté le trouble et le découragement dans l'âme de nos diplomates les plus habiles et de nos héros les plus audacieux.

C'est au sein de son pays d'abord : ses parents qui essaient de la détourner de ce qu'elle dit être son devoir, sa mère avec des larmes, le plus éloquent des arguments pour une enfant douce et soumise comme elle, son père avec des reproches, avec des menaces même bien dures à sa filiale tendresse. C'est le Sire de Beaudricourt qui se contente de hausser les épaules en réponse à la requête qu'elle lui présente de la faire conduire au roi. Ce sont les courtisans qui, pour l'abuser et la bafouer, dressent des pièges et combinent des comédies. Ce sont les vieux routiers de l'armée royale qui l'insultent grossièrement et la traitent de folle. Ce sont les Maîtres de la Doctrine qui, tout en lui délivrant un certificat de bonnes vie et mœurs, lui conseillent de retourner à sa quenouille et à son troupeau. Ce sont ses amis les meilleurs qui la dissuadent de suivre l'inspiration de " ses voix ". C'est le roi lui-même faible, indécis, résigné à ne régner plus, monarque honoraire, que sur une cour efféminée et à ne batailler que pour la conquête des cœurs, qui lui tient rigueur, de le vouloir tirer de son apathie et l'empêcher de continuer à perdre " gaîment son royaume ". Mais elle tient tête à tout. Et sereine, ayant au front une clarté, celle de sa mission, au cœur une audace, celle de sa mission, elle arrive à soulever les plus lourdes résistances et finit par triompher des obstinations les plus fanatiques.

Et en présence de l'ennemi ? De l'Anglais, elle ne haïssait que l'injustice. C'est pourquoi dans son désir de ne lui faire aucun tort qui ne fût utile à la cause qu'elle défendait, elle lui écrit, qu'au nom de Dieu elle le somme de rendre raison de tous les préjudices qu'il a causés au pays de France et d'en quitter le territoire sans coup férir. Ah ! si nos envahisseurs l'eussent écoutéé, avec quel gracieux sourire elle leur eût dit, deux siècles avant Henri IV : " Bon voyage, Messieurs ! et ne revenez plus ". Mais ils n'en firent rien, et répondirent au message de jeanne par de violentes protestations. Celle-ci eut donc à enlever à la pointe de l'épée ce qu'elle n'avait pu gagner par la persuasion. A l'âge où l'âme de la jeune fille s'émeut d'un rien, d'une ombre, d'un bruit d'aile, de la chute d'une feuille morte et se trouble au moindre danger, Jeanne sereine, confiante dans sa mission, court sus à l'Anglais, en pleine mêlée, là où sifflent les flèches et tombent les boulets, où le sang coule et frappe la mort. Elle est vaillante, intrépide parmi les plus braves. Ses troupes faiblissent-elles, lâchent-elles pied ? Elle se précipite à leur tête, part comme un trait, si vite que les étincelles jaillissent sous les pieds de son cheval et leur communique quelque chose de sa foi et de son entrain : " En avant, crie-t-elle, nous aurons la victoire, Dieu le veut !—En avant, tout est nôtre !—En avant, quand les Anglais seraient pendus aux nues, nous les aurons !" Et elle ne se donne de relâche qu'elle ne soit maîtresse du champ de bataille.

Enfin voici venir les grandes épreuves : la trahison, la captivité, le jugement, le bûcher ! jeanne n'en perd pas pour cela sa sérénité. jusqu'au martyre elle garde la foi en sa mission et trouve en son vouloir de l'héroisme en suffisance pour la remplir. Au cours du procès qui devait aboutir à sa condamnation, elle annonce fièrement à ses juges, nous pourrions dire à ses bourreaux : " Quand il y aurait cent mille Anglais en France, avant sept ans, je vous le dis, ils en seront tous chassés"....et dans sa suprême angoisse, mourante, à demi asphyxiée par la fumée, elle trouve encore l'énergie d'affirmer d'un voix vibrante à la face de l'univers ce dont la vision du ciel vient de lui donner la certitude :" je ne me suis pas trompée, mes révélations étaient de Dieu." Et de fait, au lendemain de sa mort, la prophétie de notre libératrice ne tarde pas à devenir une vivante et triomphale réalité.

L'âme française, telle son incarnation jeanne

d'Arc, doit-elle aussi rester sereine dans sa vie. Et en effet, chez vous, jamais ne fut troublée cette sérénité, jamais l'azur de notre drapeau n'y a perdu de sa limpidité et de sa pureté. Ce n'est pas que l'horizon de votre histoire, pourtant, n'ait été parfois chargé de nuages ! Du dehors est venue poussée dans votre ciel l'invasion étrangère favorisée hélas ! par l'oubli de la France ; au dedans vos libertés les plus chères ont failli vous être enlevées par un vent de tempête. Mais votre sérénité n'a pas eu à en souffrir parce que comme jeanne d'Arc, vous avez su remplir toujours et malgré tout vos devoirs de fils de France.

Un jour, tandis que dans les rues de Québec, votre vieille cité, les trompettes ennemies retentissaient joyeusement, le tocsin que l'écho répétait lugubre, allait annonçant partout dans vos villes et vos bourgades l'agonie de votre peuple. De cette heure, votre vieux drapeau illustré à Carillon et sur tant d'autres champs de bataille, fut mis en gaine pour céder la place au faîte de vos citadelles et de vos monuments à celui des vainqueurs. Le

nombre l'emportait sur le courage et vous
vous trouviez, en dépit de sacrifices surhumains, arrachés des bras de votre mère-patrie qui hélas ! alors que vous mouriez pour son amour, riait et s'amusait dans la personne d'un roi efféminé Louis XV, tel autrefois Charles VII pendant le martyre de jeanne d'Arc. Mais abandonnés par la France, vous n'en avez pas moins voulu rester Français. Les siècles non plus que les persécutions et les bouleversements n'ont amoindri l'attachement que vous avez conservé au pays de vos Pères. Et jamais, même en vos jours mauvais, les nuages si opaques fussent-ils qui ont traversé votre ciel, n'ont pu en obscurcir l'azur et y éclipser l'astre de l'espérance, l'espérance en laquelle vous viviez de voir un jour votre fidélité récompensée et votre Mère vous rouvrir tout grands ses bras et vous donner le baiser pour lequel vous lui tendiez filialement et amoureusement le front depuis si longtemps ! Cette espérance est maintenant une réalité. Et on nous a revus, il y a trente ans, frères de l'ancien et du nouveau Monde, unis

comme par le passé dans le même amour et le même dévouement, mêler encore notre sang, sous l'uniforme si crânement français du zouave, pour la défense du Chef vénéré de l'Église du Christ. Et si hélas ! au pays de France, le souvenir toujours saignant de la défaite, de la blessure reçue, si le deuil assombrit toujours notre azur, j'ai la certitude que quand viendra pour nous l'heure de prendre notre revanche — non dans une pensée de haine mais de justice — j'ai la certitude qu'alors, comme la promesse nous en a été faite par l'un de vous et non des moindres (1) vous nous enverrez des soldats qui, avec les nôtres, batailleront et nous aideront à ressaisir notre primauté au milieu des peuples et à enlever à notre drapeau le crêpe qui endeuille son azur.

Les atteintes qui, après la conquête, furent portées à vos libertés nationales ont plus encore que la défaite chargé de nuages votre horizon ; mais vous n'avez eu de repos que

(1) Discours de Monsieur Routhier à la Roche-sur-Yon, en Vendée.

vous ne les ayez dissipés. Peuple de héros écrasés mais non vaincus, vous avez promis fidélité à vos nouveaux maîtres à des conditions que vous leur avez vous-mêmes dictées. Vous avez accepté leur domination sans consentir jamais à vous laisser absorber par eux. Modifiant un vers fameux de votre poète populaire, vous avez déclaré hautement : " Dans mon drapeau je veux ici mourir ". Et pour la défense de vos libertés pas un comté, pas une paroisse, pas un habitant qui n'ait lutté sur le terrain de la légalité, ici au moyen des pétitions, là avec le faisceau des associations, ailleurs dans les réunions publiques, ou encore dans la presse, partout par la parole et par la plume en dépit de la prison, de la disgrâce et de la spoliation. Et par votre opiniâtre sérénité vous êtes arrivés à vos fins et avez conservé toutes vos libertés. N'êtes-vous pas effectivement gouvernés par les élus de vos votes ? Votre territoire n'est-il pas sous la sauvegarde de fils de votre sang ? Votre langue maternelle n'a-t-elle pas droit de cité dans vos parlements et vos tribunaux ?

Vos lois n'ont point changé. Libre est votre enseignement et libre l'exercice de votte culte. Libre aussi votre commerce, libre votre industrie. Si bien qu'aucun peuple du monde ne possède de plus grandes libertés politiques et religieuses que le vôtre et vous vivez en pleine paix, en pleine sérénité, unissant vos efforts et vos dévouements, en bons Français je veux dire en gentilshommes que vous êtes, à ceux de vos compatriotes d'origines différentes pour la plus grande gloire et la pleine prospérité du Canada, votre patrie commune.

Voilà comment vous avez défendu vos libertés menacées. Ce que vous avez fait, vos frères de France l'ont fait dans le passé, et vous ne doutez pas, j'aime à le croire, qu'ils ne le fassent dans le présent. S'il n'y a pas de ciel si pur soit-il qu'à certains jours n'obscurcissent l'orage et la tourmente ; il ne saurait non plus y avoir de peuple dont l'horizon ne soit de temps à autre chargé de tempête. Mais ces états violents ne peuvent être permanents. C'est pourquoi, malgré les nuages qui, à l'heure actuelle menacent l'existence de nos libertés les plus chères, catholiques français, nous gardons l'âme sereine. Comme notre douce Pucelle n'abandonna point sa tâche en dépit des plus violentes oppositions, nous continuons de même la nôtre en dépit de nos adversaires — non ce mot me déchire les lèvres — en dépit de nos frères égarés ; nous restons fidèles au poste, prêchant l'union et la concorde, travaillant à l'amnistie réciproque de tous les partis, en un mot revendiquant pour tous une justice plus grande et une liberté plus large. Et si malgré tout notre bon vouloir, nos efforts restent vains, si nous ne pouvons arriver à nos fins et rasséréner l'azur de notre drapeau ; si la mort nous vient surprendre, avant la réalisation de nos vœux, si nous mourons à la tâche : nous n'en perdrons pas pour cela l'espoir, et nous nous rappellerons que jeanne d'Arc, elle aussi, a succombé martyre à la peine avant d'aller jusqu'au terme de ses desseins, mais qu'au lendemain de son trépas, l'azur du ciel de France, de sombre qu'il était, est devenu radieux, serein à l'envi des plus beaux jours de notre histoire nationale.

III

Reste dans notre drapeau le rouge, la pourpre qui est l'emblème de la troisième vertu, la générosité dont l'âme française doit imprégner sa vie. L'hermine de notre drapeau, vous ai-je dit, nous rappelle l'obligation où nous sommes, en tant que race, de garder toujours intact notre honneur ; son azur, le devoir qui nous incombe de défendre persévéramment et malgré tout cet honneur ; quant à sa pourpre, elle doit nous remettre en esprit les sacrifices que, pour la défense de cet honneur, il nous faut être disposés à faire. Je n'ai pas à vous apprendre que la générosité est une vertu supérieure à la pureté et à la sérénité qui, au demeurant, en découlent comme l'eau d'une source : nul ne pouvant être pur et serein, s'il n'est généreux. Une âme qui, dans l'accomplissement de sa mission, joint à la pureté des vierges et à la sérénité des forts la générosité des martyrs, est donc une âme d'une fière et incomparable beauté.

Telle nous apparaît jeanne d'Arc. Déjà

je vous ai parlé de sa pureté et de sa sérénité. Il me reste, par conséquent, à vous entretenir de la générosité qu'elle a dépensée dans l'accomplissement de sa mission libératrice. Aimant passionnément sa mission, notre héroïne a déployé à son service une générosité qui est allée jusqu'aux limites, je dirais " de l'impossible " si ce mot pouvait décemment être employé quand il s'agit du dévouement d'une femme et surtout d'une femme française. Jeanne d'Arc a, en effet, prodigué pour le triomphe de sa mission tous les trésors de son cœur et de sa vie. Elle lui a consacré le tout d'elle-même, tout donné, tout sacrifié : sa jeunesse d'abord qui s'écoulait si paisible et si joyeuse aux soins du ménage en la pauvre chaumière de son riant et frais petit village ou à la garde de ses agnelets sous la feuillée des bois et à l'ombre de l'humble église, près de parents et de compagnes qu'elle aimait tant et dont elle était tant aimée. C'est ensuite la fierté de son cœur et la révolte de sa dignité qu'elle lui sacrifie, alors qu'en butte à la malveillance des courtisans et des favoris et à la grossièreté des politiciens et des soldats, elle ne s'en applique pas moins à déjouer leurs combinaisons funestes et à les conduire malgré eux à la victoire et à la délivrance. Les fatigues de la vie des camps ne laissent pas que d'être excessives pour elle "pauvre bergerette qui ne sait ni chevaucher ni batailler", la compagnie d'hommes d'armes sans foi ni mœurs que de lui être pénible, le rude habit de fer battu dont elle est couverte que de lui endolorir le corps : mais dans l'intérêt de sa mission, elle accepte courageusement toutes ces souffrances. Par deux fois, on la relève sur le champ de bataille, défaillante, baignée dans son sang ; elle ne se plaint non plus. Pour sa mission encore, elle se résigne aux intrigues de la Trémouille, à l'ingratitude du roi, à la trahison de Flavy, à l'injustice de ses juges, gens d'église serviles à l'endroit du pouvoir civil et partant capables de tous les forfaits. Toujours pour sa mission, elle subit la captivité, "à laquelle, dit-elle, elle eût préféré la mort", et quelle captivité ! durant laquelle on essaie de tous les moyens pour lui faire trahir sa cause, l'intimidation, la ruse, la torture, mais en vain. " Plutôt mourir ! " s'écrie-t-elle. Et la mort vient mais par le feu et telle, suprême sacrifice, qu'elle n'eût pas voulu la subir. S'il faut l'en croire : " elle aimerait mieux être sept fois décapitée que de monter sur le bûcher." Mais elle ne l'en gravit pas moins vaillamment pour le salut de France, et y expire au milieu d'un tourbillon de flammes et de fumée, en pardonnant à ceux qui la font mourir parce que c'est son devoir de bonne chrétienne et qu'elle sait que leur cruauté même met le couronnement à sa mission libératrice et en criant par trois fois : " jésus, jésus, jésus ! " C'était l'hosanna de son martyre, de " sa grande victoire " comme elle l'appelait.

Pauvre chère enfant ! que de larmes sa générosité dépensée dans l'accomplissement de sa mission ne lui a-t-elle pas coûtées ! A chaque étape, à chaque station de son calvaire elle a pleuré et combien amèrement ! C'est du fond de son cœur que montent les larmes qui lui mouillent les yeux à l'heure où elle sort de Domremy. Dans les camps, elle si douce et si faible et partant si peu faite pour cette rude existence et cette besogne de carnage et de mort " elle ne peut se tenir de pleurer" même au soir des plus heureuses batailles. La vue de son sang qui coule la fait trembler et lui arrache des pleurs. Elle sanglote dans son cachot, alors qu'elle évoque en imagination certaine ville de Touraine où l'on continue de s'amuser pendant qu'elle souffre. La pensée que son corps va devenir la proie des flammes la fait se lamenter et elle se sent défaillir en présence de son bûcher.... Ne nous scandalisons pas de ces larmes. Nous prouvant que notre jeanne n'était pas insensible à la douleur, elles ne donnent que plus de prix aux sacrifices de sa générosité. Ce sont elles qui lui ont trempé l'âme et de faible jeune fille qu'elle était en ont fait une invincible héroïne. Ce sont elles, semence de vertu, quand la souffrance les jette à la volée dans une âme grande, qui ont fait germer et s'épanouir en notre libératrice nationale ces lys de pureté, ces bluets de sérénité, ces roses de générosité, symboles des plus belles choses de la terre et du ciel, dont nous nous plaisons à lui orner le front, et dont notre patriotisme ne se lasse pas de respirer, ce soir, l'enivrant et fortifiant parfum fait du touchant et poignant souvenir de tous les services rendus à la France par une jeune vierge sereine et généreuse pendant une vie courte, sans doute, mais féconde et couronnée par une mort cruelle et imméritée.

L'âme française, comme jeanne d'Arc son incarnation, doit encore être généreuse. Et vous savez si partout où vivent des hommes de notre sang, magnanime est leur dévouement, inépuisable leur charité, héroïque leur désintéressement et par là même manifesté le symbolisme de la pourpre de leur drapeau. L'honneur ou. si vous le voulez la mission, le rôle (car c'est tout un) de notre race est de veiller au maintien et à l'extension de la justice ou mieux de la civilisation chrétienne dans le monde. Nous ne devons donc ne laisser aucune cause juste en souffrance, et ne refuser ni notre appui à la faiblesse, ni notre charité à la misère. Jamais nous n'avons failli à cette mission. Et pour l'accomplir à travers les siècles, dans le passé comme dans le présent, vous dans le Nouveau-Monde comme nous dans l'Ancien, en vrais fils de France que nous sommes, toujours nous avons su faire abstraction de nos préférences et de nos rancunes, jamais nous n'avons hésité à compromettre notre tranquillité et nos intérêts et à sacrifier notre confort et nos plaisirs, sans cesse nous avons tenu à honneur à prodiguer notre argent et à verser notre sang. j'ai vu ce que, pour votre part, vous faites et je vous en félicite cordialement ; vos pères n'eussent point désavoué votre conduite, eux qui pour la défense et la propagation de la civilisation et de la foi, eurent tant d'humiliations à subir et à résister à tant de séductions, à répandre tant de larmes et à souffrir tant de persécutions et de maux. Quant à ce que nous faisons chez nous, au foyer paternel que vous avez quitté depuis si longtemps, il ne vous en arrive qu'un écho très affaibli, car " le bien ne fait pas de bruit " ; mais n'oubliez pas " que bon sang ne saurait mentir ! " Du reste, même en ces heures d'aveuglement, jamais la France n'a abandonné son rôle de Champion de la justice dans le monde. En pleine révolution et aux jours mêmes où la tête de nos nobles et de nos prêtres roulait sur l'échafaud, les hommes qui représentaient près du Sultan notre régime sanguinaire, avaient mission expresse de défendre en son nom contre le fanatisme musulman les chrétiens de tout rite et de toute langue. Et si à votre insu, prêtant l'oreille à ceux qui ont intérêt à déprécier la France à vos yeux, vous avez douté, un instant, que nous fussions restés le peuple de la générosité, ils ont dû se lever pour protester contre cette méconnaissance de votre part : nos paladins légendaires tombés victimes de l'injustice dans le vallon triste et sombre de Roncevaux ; nos chevaliers moyen-âgeux toujours attentifs à ne laisser impunie aucune félonie, aucune faiblesse en péril, aucune misère sans appui ; nos croisés qui " seraient, disaient-ils, descendus du Paradis pour chevaucher et guerroyer contre les

Sarrasins;" nos ancêtres bardés de fer, nos hommes d'armes, nos gentilshommes, nos héros de tous les régimes qui ont succombé pour l'affranchissement et l'indépendance des peuples ; les nôtres qui, en ces derniers temps ont sacrifié généreusement leur vie à la liberté de l'Italie, de la Grèce et de vos voisins les Américains ; nos soldats, nos marins, nos missionnaires qui maintenant tout là-bas en Extrême Orient et sur la terre d'Afrique peinent, se battent et meurent non pour une Province à annexer ou un comptoir à établir, mais pour l'abolition de l'esclavage et la diffusion de la liberté. C'est sur un large fleuve de sang français, ce sang que jeanne d'Arc ne pouvait voir couler sans que les cheveux ne lui levassent sur la tête, que coule invincible et triomphante à travers le monde la civilisation chrétienne. Et quand la France fait éclater aux yeux du monde la pourpre de son drapeau, elle dit assez clairement que sa générosité a été et sera toujours à la hauteur de nobles causes qui réclameront le plus pur sang de ses enfants.

Ainsi donc, notre générosité, — générosité qui ne s'est jamais démentie—consiste comme celle de jeanne d'Arc dans l'oubli et le mépris de tout ce que nous sommes et avons au profit de notre mission, de notre honneur. Mais cette abnégation n'est guère possible sans Dieu. La mission de jeanne d'Arc lui était inspirée de Dieu, et vous savez si elle le dit et répète dans le cours de sa vie ! Vous-mêmes, vous avez, je le sais, suffisamment de bonne foi et d'honnêteté pour le croire, car enfin si les " jeanne d'Arc " pouvaient surgir sans l'intervention de Dieu, nous en compterions aux heures critiques de notre histoire autant que de femmes françaises. Rien d'étonnant que notre héroïne ait demandé la force requise pour mener à bien sa mission à Celui-là même qui en était l'instigateur. Et elle ne se fait pas faute de la réclamer de Dieu cette force sitôt qu'elle se sent défaillir. " En mon Dieu ! " disait-elle chaque fois qu'elle avait une difficulté à vaincre, un effort à faire, un affront à essuyer, un sacrifice à accomplir, et Dieu venait la prendre et l'entraînait à sa suite sur les hauteurs radieuses de la générosité où toute sa vie elle s'est maintenue, en pleine bourrasque, pure et sereine.

Pas plus que notre héroïne nationale, nous ne pouvons nous passer de Dieu et de Lui seul nous devons attendre les forces nécessaires à l'accomplissement de notre mission. Il l'avait compris notre premier roi chrétien, qui, après la victoire de Tolbiac, voulut faire conférer à son royaume le sacrement du baptême, comme ils l'ont compris les fondateurs de votre pays, jacques-Cartier, Champlain, Maisonneuve, qui plantaient sur votre sol la croix partout où ils arboraient la bannière fleurdelisée de leur roi. Ils l'avaient compris nos hommes d'armes d'autrefois qui ne voulaient être créés chevaliers qu'après avoir passé une nuit en prière, nos croisés qui marchaient au devant des Sarrasins avec le signe sacré de notre rédemption sur la poitrine, nos zouaves de Charette qui avaient, brodé étincelant sur le drapeau de leur régiment le Cœur divin de Celui qui fait les forts et les victorieux, comme ils l'ont compris les défenseurs de votre pays canadien qui ne bataillaient qu'après avoir reçu pieusement la sainte communion, vos héros de Carignan dont la poitrine était couverte en guise de bouclier du scapulaire de notre Mère des cieux, vos braves, dont les exploits rappellent si bien notre "guerre de géants," qui couraient au combat, vingt contre cent, le fusil d'une main et le chapelet de l'autre. Partout, chez vous comme chez nous, on trouve la croix près de l'épée, la prière mêlée à l'action.

Et si maintenant la générosité fleurit encore ardente et sacrifiée parmi nous, c'est parce que, Français de l'un et de l'autre monde, nous sommes restés de francs et loyaux chrétiens. Oui, comme le vôtre, notre pays, n'en déplaise à certains pessimistes qui n'ont pas craint de comparer la France à Sodome et à Gomorrhe, notre pays est encore foncièrement attaché à ses croyances. Et l'on compte même dans notre Paris si voluptueux et si incrédule, paraît-il, plus des sept justes exigés par Jéhova pour le salut d'une cité coupable. Vous ne nierez pas, par exemple, que les mérites des deux cent mille religieux persécutés de nos jours ne compensent pour nous les égarements de quelques politiciens aveuglés par la haine ou soudoyés par la franc-maçonnerie ; et ne l'oubliez pas, ces religieux sont français et comme tels ils auraient presque la pensée de remercier leurs adversaires d'ajouter à tous leurs mérites l'auréole de la persécution et à la gloire de la patrie française celle de leur nouvel héroïsme. N'écoutez donc pas ces bruits qui tendent à faire croire que la France est dégénérée. Est-elle dégénérée cette nation au sein de laquelle les luttes religieuses fermentent, éclatent et se déchaînent avec une violence qui ne se retrouve presque chez aucun peuple ? Est-elle dégénérée cette nation, où l'idée religieuse travaille tellement les esprits que l'indifférence n'y est pas possible, à l'inverse de certains peuples positifs où la question religieuse est tout au plus une question de luxe que chacun est libre d'apprécier et de régler à sa fantaisie ? La question religieuse est celle qui prime et absorbe toutes les autres même les questions politiques et économiques en France. Mais la religion est la base solide de tout édifice social. Nous ne serons pas présomptueux, la plus saine logique demande cette conclusion, en affirmant que la France même actuelle possède les éléments les plus essentiels à la vraie prospérité et à la grandeur véritable d'une nation. Ne vous étonnez donc plus, mes frères Canadiens, lorsque vous entendrez parler de dissensions religieuses au sein de la mère-patrie. La lutte n'est-elle pas la condition de la vitalité de toute religion, et la religion catholique plus qu'aucune autre, parce qu'elle est véritable, ne doit-elle pas soulever toutes les contradictions et toutes les haines comme l'a prédit son divin Fondateur ? N'ayez donc, comme nous croyants de la vieille France, d'autre ambition que celle de garder toujours intact le dépôt de notre foi, dussiez-vous pour réaliser ce noble désir vous voir vous aussi, contraints de lutter contre des frères séduits ou égarés.

je finis, Mesdames et Messieurs, et quel souvenir emporterez-vous de cette conférence où nos cœurs ont échangé et remué des idées toujours douces pour des âmes catholiques et françaises, quel souvenir ? C'est que nous ne pouvons rester dignes de nos Pères qu'à la condition d'être toujours franchement et loyalement chrétiens. Alors seulement pourront germer et s'épanouir dans nos âmes les vertus si merveilleusement incarnées dans Jeanne d'Arc et si nettement symbolisées dans les trois couleurs de notre drapeau :

L'honneur, avec sa blancheur d'hermine, qui fait le magistrat intègre et le soldat sans défaillance, l'homme politique sans compromission et le citoyen indépendant et fier ;

La constance sereine, comme l'azur, qui courbe le front sans amollir le cœur, et laisse dans les âmes toutes les énergies nécessaires pour le succès des revanches futures, et la revendication des libertés amoindries ou captives ;

La générosité, enfin, empourprée du meilleur de notre sang versé, prodigué même pour le triomphe du droit méconnu, le soutien de la faiblesse opprimée et l'épanouissement de tous les héroïsmes partout où il y a une infortune à secourir, une cause juste à défendre, un progrès bienfaisant à promouvoir.

Nous allons maintenant nous séparer. Faut-il vous dire qu'à cette pensée, mon cœur se serre douloureusement? jamais je n'oublierai les joies intenses que vous avez procurées à mon apostolat pendant la station quadragésimale écoulée, jamais je n'oublierai l'accueil bienveillant qu'en masse (plus de quinze mille, me dit-on) vous avez fait à ma parole, jamais surtout je n'oublierai la cordiale sympathie dont vous avez entouré pendant son séjour parmi vous un pauvre moine qui n'a d'autre mérite que celui d'aimer son pays beaucoup et plus encore son Dieu! Aussi ne vous dissimulerai-je pas que j'éprouve, en quittant le Canada, l'angoisse que j'ai éprouvée quand, il y a deux mois, je quittai la France, et que dorénavant, j'irai dans la vie portant au cœur l'amour et de la Fille et de la Mère et les enlaçant dans une même et patriotique étreinte.

**Bibliothèques
Université d'Ottawa
Echéance**

**Libraries
University of Ottawa
Date Due**

DC 104 .L45 1903
LEMERRE, A. J.
JEANNE D.ARC ET L.AME

CE DC 0104
.L45 1903
COO LEMERRE, A. JEANNE D'ARC
ACC# 1066327

CPSIA information can be obtained
at www.ICGtesting.com
Printed in the USA
BVHW04*1447110918
527043BV00028B/507/P